AF598799

CANTO DE OSCURIDAD
Y TRISTEZA

Aliarediciones

Corrección: Eladia Guerrero
Diseño de cubierta: Mónica Morales
Maquetación: Aliar Ediciones

Depósito Legal: GR 155-2026
ISBN: 979-13-88058-63-9

Impreso en España

Edita
ALIAR Ediciones
www.aliarediciones.es
info@aliarediciones.es

CANTO DE OSCURIDAD Y TRISTEZA

Mira.

Abre los ojos y mira.
Sujeta con ganchos los párpados y mira.
Ponte colirio y mira.
Mira al mundo.
Mira la desolación, la involución.
Mira el desastre, mira un panorama aterrador.

Abre los ojos y mira.
El retroceso a eras más oscuras del pensamiento.
Mira la tecnología que nos lleva hacia atrás.
No apartes los ojos y mira.
La pobreza, el hambre, la guerra.

Mira.
Y desespera.

Seis años de la pandemia
del COVID-19.

Aún recuerdo el dibujo
que mi vecina de seis años
puso en la puerta del piso
de enfrente:

un arco iris de trazo infantil
con la frase del momento,
«Todo va a salir bien».

Ojalá conservar la pureza
e inocencia de la mirada
de un niño ante el mundo.
Ojalá se hubiera cumplido
la profecía de aquel cartel.

¿En qué momento la vida
te corrompe de tal manera
que esa visión se convierte
en salvaje y desapegado cinismo?

Seis años han pasado,
no todo ha salido bien,
no hemos salido mejores
como también se decía entonces.

Miro a mi vecina de enfrente
que está a punto de ser
adolescente y sueño con que
ella mantenga la inocencia
que yo ya no recuerdo cuándo perdí.

Pero sé que es una quimera
que nunca se cumplirá.

El mundo es frío y hostil.
El panorama, desolador.
Las ominosas sombras
que lanzan los que detentan
ostentosos el poder se ciernen
sobre las vidas de los que
los sufrimos, implacables.

Hay luces pequeñas que
brillan intentando hacer
tolerable la vida, pero
son como fuegos fatuos
que nos descolocan
en vez de dar refugio.

No podemos con las sombras:
estamos fatigados de luchar
contra ellas en una batalla
ganada de antemano,
hartos de enfrentarnos a ellas
en eternas escaramuzas que
minan nuestro ánimo hasta
dejarlo hecho añicos.

Las voces que claman contra
las sombras son silenciadas
por la fuerza a base de mentiras
amplificadas por quienes creen
que alineándose con las sombras
vivirán mejor que el resto.
Los demás se baten como pueden
hasta que el agotamiento mella
hasta la voluntad más inquebrantable.

Estamos condenados a perder
contra las sombras.
Perdimos.
Perdemos.
Y perderemos.

Come.
Calma el ansia comiendo.
No comas sano.
Gochea.

Cuanto más perjudicial, mejor.
Nada de fruta, nada de verdura.
Todo grasa, todo industrial.
Todo chocolate y azúcar.

Pasa de la diabetes.
Renuncia a mejorar.
Devora pasteles,
devora sin pensar.

No te cuides, vive.
El brócoli no te saciará
como lo hace el beicon frito
o un buen cruasán.

Engorda, aunque te vaya a matar.
Del ejercicio olvídate,
come mierda sin parar,
es lo único que te satisfará.

Come
y luego lamenta.
Come.
Come, antes a la tumba llegarás.

Dicen que ellos te van a ayudar.
Dicen. Eso dicen.

Alcohólicos anónimos
como terapia.

Dejar el alcohol para
los triglicéridos bajar.

Dicen que no son como crees,
que no es el rollo yanqui de las pelis.

Los doce pasos y las monsergas
cristianoides sin fundamento.

Lo único que conseguirás
es a otros más dándote la chapa,

como si no tuvieras bastante
con los de siempre.

Pero no quieres.
No hay nada como beber.

El latigazo del *whisky*
quemando por la garganta.

La infinidad de sabores descubiertos
más allá de la cerveza industrial.

El poso de un buen tinto
paladeado con tranquilidad.

Sigue bebiendo, te dices,
total, todo te va a matar.

Sigue bebiendo, te dices,
como si fueras inmortal.

Dicen que beber es malo,
tú sabes que es verdad.

Dicen, tantas mierdas dicen
que ninguna te crees ya.

Adicto.
A la pantalla, al mensaje inmediato,
a la comunicación al segundo.

Adicto.
A los del otro lado, lejanos y a un clic de distancia.

Adicto al ahora, al ya, al dejarlo y volver
a cogerlo en cuestión de segundos.
A los ojos hinchados y rojos del brillo
irreal de un aparato.

Olvida el papel, olvida su tacto,
su olor, el viejo formato,
hazte adicto a lo nuevo,
olvida el reposo.

Déjate los dedos, las muñecas, los ojos,
haz de la pantalla extensión del brazo.
Vuélvete adicto.

Olvida el pasado.
El futuro es ahora.

La pantalla es tu nuevo dios.
No le reces, solo vuélvete adicto.

Enciende la pantalla.
Abre la aplicación.
Empieza el ritual.

Imagen, imagen, imagen.
Desliza, desliza, desliza.
Izquierda no, derecha sí.

Obsesión. Intenta una y otra vez
que ambos desliceis a la derecha.
Conexión, intercambiar palabras.

Estréllate contra el muro del silencio.
Una vez, y otra, y otra más.
Repite hasta que no puedas más.

Asúmelo: no conseguirás nada.
Ni charla, ni cita, ni beso, ni algo más.
Estás condenado a estar solo.

Si amas, entra en lo normal
que gastes: un regalo, una
cena, un café.

El culmen del desespero
es pagar para iniciar una conversación.

La prostitución del amor:
un hombre de verdad no paga
por la esclavitud de una mujer,

pero se humilla en una aplicación
de citas en busca de un caso
que no sabe si le darán.

He vuelto a gastar dinero por hablar:
no tengo remedio,
ni encontraré el amor.

He vuelto a caer como un imbécil:
una aplicación para conocer gente
a la que le guste el *heavy metal.*

He intentado hacer amistades,
he sido ignorado o directamente
rechazado. Ni en mi propio círculo

encuentro alguien que me quiera
dar conversación: es lo mínimo
que pido, el resto es pura quimera.

Parejas por todas partes,
bebés y niños que las acompañan.
Cualquier tiñalpa se reproduce,
hasta los que lo hacen por compromiso social.

Las mujeres no me miran, y de hacerlo
es como si miraran a un perrito mono.
Con todas las enfermedades que llevo
a cuestas, no soy candidato a perpetuar la especie.

Y sin estabilidad económica ni mental
¿cómo voy a procurar el sustento de otra
criatura en este mundo cruel?
Pura selección natural.

Hitler no necesitaría su ley de eugenesia conmigo:
mamá naturaleza y el turbocapitalismo
ya se encargan de ello.

Hermosa Diana.
La de mirada que mata (de odio)
y sonrisa que mata (de amor).

Hermosa Diana.
La guerrera valiente
que nunca se rinde.

Hermosa Diana.
La del volcánico carácter
que solo se teme a sí misma.

Hermosa Diana.
La del culito bonito
en sus propias palabras.

Hermosa Diana.
La que no cree
que el amor exista.

Hermosa Diana.
Tan cercana
y a la vez tan lejana.

Mi hermosa Diana.
La que nunca me dará
su amor.

Conoce a una mujer.
Abre tu corazón a su sonrisa,
a su risa, a su peculiar locura.

Encuentra reciprocidad.
La sintonía se establece,
quizá el futuro no pinte tan negro.

Precipítate.
Da veinte pasos en lugar de uno.
Estámpate.

El futuro pinta igual de negro,
solo que, por un momento,
te engañó con un reflejo.

Por crédulo.

Incompleto.
Imperfecto.
Inacabado.

Y, aun así,
pretendo encontrar
el amor de una mujer
que complete lo que
está roto, que ayude
a reparar aquello que
solo puedo reparar yo.

No se puede ser más iluso.
No se puede ser más ridículo.
No se puede ser más fantasioso.

Y cuando llegue el momento
de estar lo más entero posible,
tampoco encontraré el amor.

Incapaz de asumir la soltería
sigo buscando en aplicaciones
de citas lo que no encuentro
en la vida real.

Todos morimos solos.
Pero el camino que me queda
por recorrer también lo haré
sin compañía:
no lo asumo, ni lo asumiré.

Siendo tan patético como soy
es lo normal estar y seguir solo
hasta el final de los tiempos.

Perderme en el laberinto
de tu cuerpo desnudo.

No tener prisa alguna
en encontrar la salida.

Recorrer cada curva
sin peligro de descarrilar.

Hacer cosquillas allí donde
sea más placentero.

Adentrarme en el bosque
más secreto y morar allí.

Descubrir cavidades y
montañas por igual.

Saborear los centímetros
más excitables y receptivos.

Pedir permiso para invadir
con ternura y amor.

Disfrutar de la magia
de la comunión de los cuerpos.

Gozar del desborde imparable
de los flujos del arte amatorio.

Menos mal que tengo
una imaginación fértil,

pues jamás viviré esos momentos
junto a ti.

Cuando la pena aprieta,
cuando el corazón se hunde,
cuando el ánimo desaparece,
me siento sucio y desaliñado.

Sé que debería pasar por la ducha,
limpiarme no solo lo físico,
tomar ánimo al estar limpio y aseado,
oler a desodorante y *aftershave*.

No lo hago: paso los días sudoroso
oliendo a muerte y depresión,
castigándome al autodesprecio
al notar mi propio desaseo.

Y si ya cuesta hablar con mujeres
cuando has pasado por la ducha,
oliendo a rayos es peor aún:
no aprendo, y así me condeno.

Igual que el Jomsviking
que va a recuperar a su
amor de juventud, y ella
lo rechaza diciendo que
ahora es libre, yo persigo
el amor de la misma manera:
como un sueño que no puede ser.

No hables.
No revindiques.
No protestes.

No escribas social.
No escribas verso combativo.
No escribas sobre la lucha.

Es la ley que impera.
Lo sabes.
Calla y sométete.

Que todo sea abstracto.
Que nada signifique nada.
No cuentes tu verdad.

Amóldate.
Acomódate.
Acóplate.

Sé uno más.
No destaques.
No tengas personalidad.

O ten personalidad,
pero no la tuya,
la que a ellos les gusta.

No hables.
No seas.
Anúlate.

Que duela.

Poesía que duela.
Que fustigue, que restalle, que pique
cual latigazo.

Poesía que no deje indiferente,
que se incruste implacable
en la memoria.

Que no sea leve picotazo,
sino herida mortal.

Poesía inolvidable, poesía inmarcesible,
no por bella, sino por letal.

Poesía adictiva, que no acaricie,
poesía que pincha en la vena,
que intoxica, que inunde de vida
y dolor, de belleza y pasión,
pero que muerda, implacable.

Poesía que duela.

Dicen que los poetas
tenemos que sufrir
para conmover.

Pero como dice la canción:
«quiero que no falte el pan,
quiero dejar de sufrir».

Pero no hacen más que
cauterizar mis heridas
con Agente Naranja.

Dolor infinito.
Dolor extremo.
Dolor insufrible.

¿Soy poeta porque sufro
o sufro porque soy poeta?
Qué más da.

Solo la Parca tiene la salida a ambas cosas.
Cualquier día concertaré una cita
con ella por adelantado.

La Gran Niveladora ha de llegar
inexorable, pero si tarda poco
será mejor para todos.

Porque para eso sirve [la poesía]
para sanar, para transformar el sufrimiento,
el fango, la sangre, la derrota,
el desconsuelo o la lucha en un cuadro
hermoso que uno mismo y otros sean
capaces de sentir e interpretar.
(Paz Martínez, *Invictus*)

Mi poesía no es bella.
No sé pintar cuadros hermosos con ella.
Me gusta que el sufrimiento triture
el alma y eso no es hermoso.

Prefiero que el fango se incruste y deje
una mancha imposible de sacar.
Prefiero que la sangre salpique, que
surja a borbotones como en una película gore.

La derrota tiene que dejarte tan aplastado
como aplastó Ali a Liston en ocho segundos.
El desconsuelo ha de sacar torrentes de lágrimas
capaces de sofocar el más devastador incendio.

La lucha no ha de ser épica, sino cansada, confusa,
sangrienta y despiadada, donde prevalezcan
la muerte, el horror, la debacle, la carnicería,
batalla sin honor ni humanidad.

Y con todos esos ingredientes, la poesía
no puede ser bella. Con todos esos ingredientes
la poesía es salvaje, indómita, fiera, voraz,
depredadora, devastadora, demoledora.

Por eso, mi poesía no es bella.

Escribir poesía como
si estuviera buscando
el amor:

No dejo de esforzarme
para nada.

Escribo para sanar un
alma rota que nunca
termino de reparar.

Busco el amor para
completarme sabiendo
que si no me completo yo
no lo hará nadie.

Escribir y buscar el amor:
ejercicios de futilidad.

A Khanate y a Lux Divina

Mantente lejos.
Fuera de mi perímetro de seguridad.
Vete.
Donde no pueda verte.

Lejos.
Todos lejos.
Dejadme.
Quiero vivir lejos de vosotros.

Escoria.
Todo escoria.
Vileza.
Me rodea, vileza.

La oscuridad me protege.
La oscuridad me llama.
La oscuridad me ama.
Manteneos lejos de mi oscuridad.

No quiero veros.
A ninguno.

Manteneos lejos.
Fuera de mi alcance.

Dolor.
Solo producís dolor.
Miseria.
Traéis miseria.

No quiero abrirme.
Abrirme al mundo.
A los humanos.
No quiero abrirme.

Odio.
Traéis odio.
No quiero vuestro odio.
No quiero.

Sentimiento profundo.
De misantropía.
Me protege.
De vosotros.

Me protege del mundo.

De vuestro horror.
De vuestra putrefacción.
De vuestro dolor.

La ira corre profundo.
En vuestras venas.
En vuestras palabras.
En vuestros actos.

Dejadme solo.
Solo en mi torre de marfil.
A salvo.
Solo.

Dulce misantropía.

Nunca grabé un disco de *black metal*.
Nunca aullé la rabia y el dolor que me recorren.
El tren ya pasó, no subí en él.

Estos versos se parecen a los de un
disco de *black metal* depresivo.
Me recuerdan a Forgotten Tomb (Tumba olvidada),
y a los títulos de sus discos primigenios:
Springtime Depression (Depresión primaveral),
Love's Burial Ground (El nicho mortuorio del amor),
o a esa canción que lo resume todo:
Kill Life (Mata la vida),
sin olvidarme de *Disheartenment* (Descorazonamiento).

Soy el *black metal* hecho poesía,
pensado solo para una minoría.
Y pretendo hacerlo pasar como algo
para todos los públicos.

Ingenuidad.
Pensar que esto vale para las masas.
Dolor.
El que me abruma y no sana.

Desear el fin y que nunca llegue.
Agonizar por tiempo indeterminado.
No vivir, ni sobrevivir.
Ahogarse en días infinitos,
no saber cuándo acabará la tortura
y no acabarla para no hacer mal al resto.

Esto no es vida.
No creo en el infierno: lo vivo.

Alma negra.
Que se comunica
con otras almas negras
en un idioma único.

Velocidad, atmósfera,
blast beats, trémolos,
chillidos infernales,
blasfemias.

Códigos comunes,
asequibles solo
a quienes comparten
la misma pasión.

Alma negra,
alma pútrida,
que no teme a un infierno
que no existe.

Alma condenada
sin remedio,
alma que arde
y se consume.

Alma negra:
la mía, para siempre
orgulloso de tener
un alma negra.

He vuelto al *doom metal*,
a los sonidos lentos y oscuros,
a las voces guturales,
a las letras de depresión,
dolor y muerte.
A los viejos sonidos que
deseché porque creía que
me hacían mal.

Qué equivocado estaba.
Cuánto serenan el alma,
cuánto empatizan
con el dolor interior,
cómo predisponen a
la creación poética
al imbuir al espíritu del
humor adecuado para
los versos desesperación.

Ya no quiero que en mi funeral
suenen otros acordes distintos
a los de alguna de estas bandas
que harán a quienes me sobrevivan
llorar a lágrima viva.

Quitadme las letanías infumables
de los curas: quiero que atruenen
Ahab y My Dying Bride, y mientras
me bajen a mi última morada, que
se oiga eso de «por favor, dejadme
morir en soledad» de Candlemass.

La despedida adecuada
para un alma torturada
por la depresión y la melancolía.

Himnos fúnebres
para muertos en vida:

letanías lentas de voces
desesperadas y sonidos
profundos e hipnóticos.

Letras de desasosiego,
ansiedad, oscuridad,
suicidio y muerte.

Nada de luces tranquilizadoras
al final del túnel, sino trenes
de carga directos hacia ti.

Explosivas cargas de
negatividad ante la tragedia
insoluble de la vida.

Banda sonora de la depresión,
que calma los abismos
negros del ánimo.

Los que creen que es música
de suicidas no entienden nada:
los himnos fúnebres

para muertos en vida
son el combustible ideal
para seguir adelante

en un mundo tan muerto
como nuestras almas.

El ritual de siempre:
montar en el coche,
enchufar el móvil al
equipo de música y
la frase:

«Cuervo, pon a los Derbys».

Y allí íbamos, a hacer
kilómetros, casi siempre
para un destino poético,
mientras el Dandy Piranha
nos ponía los pelos de punta
con *Gitana*, con *Las leyes de
la frontera*, o con mi favorito:
«El rosario de la aurora
se ha formao en las farolas
del descampao».

Cuervo se ha mudado a Getafe
y yo no sé conducir.
Se acabó el ritual de camaradería,
carretera y buena música.

Y como me da miedo ponerme
al volante, el ritual ha llegado
a su fin para siempre.

Dice la canción:
Quiero ser alguien,
y quiero serlo pronto.

Hace tiempo que quiero
ser alguien y serlo pronto.

No seré nadie, ni ahora,
ni pronto, ni nunca.

Putain de Tristesse.

Lanzarse sin medir el fondo
al abismo de la desesperación.

Sentir la cuchilla sobre las venas
una vez más.

Sentir el desmayo de una vida
carente de sentido y dirección.

Fucking Sadness.

Sonidos afilados y feroces que
armonizan con el dolor,

que cauterizan la herida con napalm
una y otra vez.

Repetir el tratamiento hasta el infinito,
hasta que ya no se pueda más.

Puta Tristeza.

Bésame una vez, cantó Lita.
Y tú y yo lo hicimos.

Bésame dos veces, insistió Lita.
Y tú y yo le hicimos caso.

Tú me miraste, y cantaste con ella:
Vamos, chico guapo, dame un beso de muerte.

Y nos lanzamos el uno al otro,
y nos disolvimos en un beso mortal.

Tan mortal que nunca volvimos a hacerlo:
desperté del mejor sueño posible.

Y es que solo me dan besos
dentro de mis sueños.

Voy a crear mi propio club de la lucha:
voy a perder todas las peleas a propósito.

Voy a dejar que me salten los dientes,
voy a dejar que me hinchen los ojos.

Voy a vomitar sangre,
voy a caer inconsciente.

Voy a ir al hospital,
voy a curar las heridas.

Voy a volver a empezar el ciclo
hasta reventar.

Noches insomnes.
Sueño alterado, horario loco.
Vive de noche, duerme de día.
Cuando quieras retornar a un estadio normal
llegan las noches insomnes.

Túmbate, arrópate, cierra los ojos.
No duermas, da vueltas, físicas, mentales.
El peso del paso de los minutos mellando
la esperanza de la llegada de Morfeo.

Regúlate, sé persona normal, ocho horas
descansa, con un trabajo lo conseguirás.
Recurre a la química o a lo natural,
eso te dicen sin parar.

Pero lo sabes: no escaparás. Las noches
insomnes te perseguirán. Inténtalo todo.
No lo conseguirás: ni escribiendo poemas,
ni bebiendo sin parar, ni fumando porros
para olvidar.

Noches insomnes.
Siempre listas para tu ánimo devorar.

A veces la vida
te agarra del cuello
con una mano,
te eleva por encima
de su cabeza,
y te estampa, inmisericorde,
contra un suelo cubierto
de los cristales de las
botellas que te has bebido.

Te deja la espalda
sangrando hecha trizas,
y el ánimo atravesado
por una astilla invisible
e imposible de extraer.

Te costará levantarte,
si alguna vez lo haces.

En el mientras la vida te apuñala.

En el mientras
entre trabajo precario
y trabajo precario
la vida te aniquila.

En el mientras
entre amor correspondido
y amor correspondido
la vida te tortura.

En el mientras
entre resurgir del bajón
y resurgir del bajón
la vida te sepulta.

En el mientras,
entre trago de cerveza
y trago de *whisky*
la vida te corroe las entrañas.

En el mientras
no vives, sobrevives,
si puedes.

En ese mientras
en el que los demás dicen
que llegará lo que mereces
tú te pudres,
mientras a los demás
les va viento en popa.

En ese mientras
en el que te ahogas
sin posibilidad de salvación
la vida te hunde.

Y es en ese mientras
cuando la desesperación aprieta,
cuando sientes que no puedes más,
cuando la piedra de Sísifo te va a
aplastar por fin,
es en ese mientras
cuando consideras en serio
la cuerda, la cuchilla,
las pastillas con alcohol,
el salto al vacío o al río.

Y cuando ya no tienes fuerzas
para aguantar más,
la vida va y te remata.

Un taladro manual dando vueltas
despacio en tu cerebro, manejado
por un cirujano psicópata, sádico
y de exquisito pulso, arruinando
sinapsis, destrozando el hipotálamo
y escarbando con saña el cerebelo.

Hundir el ánimo con cada revolución
de la broca, perforar la ya escasa
vitalidad de un sujeto esclavizado
al vaivén emocional, crear un
agujero negro que los fármacos no
pueden reparar, hacer que el paso
de las horas sea un lento deambular
del potro a la rueda, con hierros al
rojo listos para torturar.

Falta de sueño, sueño a deshoras,
cansancio eterno, futuro negro,
Sísifo enclenque que ni siquiera
corona la cima de su montaña,
pez que se ahoga en su hábitat natural,
a un paso de la recaída, pero siempre
un peldaño por encima para esquivar

la auténtica depresión, siempre
bordeando el límite mientras el
fantasma de no salir nunca de la cama
te da cariñosos empujones por todos
lados, para no saber por dónde
te quedan la derecha y la izquierda.

Y el frío polar que algunos adoran
remata la faena de dejarte como
títere después de la función,
arrojado en el suelo inerte y vacío
hasta que se levante el telón, si
es que vuelve a hacerlo. Pasa la
vida sin rozarte, mientras te consumes
en tu propio agujero negro, que absorbe
todo el bien ignorando el mal, para
que anide en los pocos restos del
cerebro que te quedan sin agujerear.
Sobrevive, si puedes. Si es que a esto
se le puede llamar sobrevivir.

Música de cañerías, desperdicios
que bajan hacia el colector principal,
el zumbido de la calefacción
alimentando el calor del dormitorio.

Insomnio. Horas muertas perdidas
sin el sueño de los justos, canales
que no se desconectan del cerebro
por donde se cuelan melodías en
bucle o tu propia voz repitiendo
historias sin sentido, imaginando
el futuro que te gustaría, o el que no.

No hay modo de acallar el ruido
de la mente, a veces un grito,
otras amortiguado, pero nunca
en silencio, ni cuando parece que
por fin vas a conseguirlo. La
sensación de la soledad absoluta,
aun cuando sientes el calor de
la carne ajena junto a tu piel.

Es la hora de los desahuciados,
de la desesperanza, el desconsuelo,

de la incapacidad de poner paz
en uno mismo, del vacío. Es la
hora de los suicidas, llevados
al extremo por el sueño que se
niega a llegar, acunados por
la música de cañerías que se
lleva los despojos ajenos incitando
a arrojar los propios al
mismo sumidero.

No te salvará ningún abrazo,
no te salvará ningún beso,
porque no te atreverás a despertar
a quien te daría su ayuda.

La hora del dolor.
La hora de la muerte.
La banda sonora de la desesperación.
La música de cañerías.

¿Y qué va a hacer un tipo como yo
con una vida como la que vivimos?

Aplastado por mi propia inercia
y el turbocapitalismo salvaje,

falto de experiencia para muchos
empleos o muy mayor para otros.

Encabezonado en no opositar
porque no me gusta dar gramática

y no me veo enfrentando niños
y adolescentes revoltosos.

Arrítmico, nada musical, sin saber
tocar un instrumento para poder

formar mi propio proyecto unipersonal
en el que volver a la música.

¿Qué hago entonces con una vida
que pasa y te aplasta en cualquier momento?

Escribir para que no llegue a nada.
Amar sin mesura sin que me correspondan.

Y esperar, fútilmente, que en algún momento
recibiré algo a cambio de lo que doy.

Pero el momento no llegará nunca.

Obseso.
Perseguir hasta el abismo.
La caza me llama.

Obseso.
La bestia me empuja.
Yo empujo a los míos.

Obseso.
Arpones en el lomo.
Sangre negra.

El mar cambia de color.
Blanco monstruoso.
Negro de sangre y muerte.

Cazar.
Matar o morir matando.
La batalla sin fin.

Archinémesis.
Pesadilla constante.
Obsesión mórbida.

Todo para nada.
Todo para morir.
Todo para hundirme.

Arrastrado al abismo.
Todos mueren, todos.
En mi obsesión por matar a la ballena.

Cuando no se despliegan los arqueros,
cuando falla la caballería en su movimiento
de pinza, cuando barren a la infantería
ligera y la pesada en la batalla de mi mente
convoco a mi ejército fantasma:

El cuervo de alas negras,
el rey de los piratas y su navío de velas negras,
la poeta nómada y su sabiduría,
la doctora que cura heridas,
la dama pelirroja y su quintaesencia,
la madre de dos y su amor,
la presidenta que acuna el corazón,
la bruja del Este y sus buenos augurios,
el hermano oso de fiera estampa,
la poeta de la lluvia que calma,
el hombre del renacimiento y su abrazo,
y la loba alfa dominante de plateado pelo brillante.

Pero cuando se presenta la hora de la batalla,
a la hora más intempestiva,
no puedo convocar a mi ejército fantasma,
pues su reposo es sagrado para mí.

Y si no convoco a mi ejército fantasma
en mi hora de mayor necesidad,
jamás podré ganar la batalla contra
mi enemigo más terrible: yo.

Preparar el instrumental adecuado,
bien afilado y esterilizado.

Marcar el área a operar
con precisión milimétrica.

Utilizar el escalpelo para
acceder al interior del cráneo.

Saber exactamente qué vías
nerviosas hay que destruir

o bien extirpar, dependiendo
del procedimiento.

Coser debidamente al paciente
y observar los resultados.

Correctamente hecha sería
el fin de todos mis problemas.

No más ansiedad, no más
depresión, no más psicosis.

Caería en un estado de estupor
e indiferencia que me haría

olvidar todos los males del mundo,
ser un ser insensible en esta vida

llena de tragedia, dolor y muerte.
No más antipsicóticos,

no más rutinas de medicación,
no más gastos inútiles.

Vivir, como dice el poema,
sin vivir en mí, pero de verdad.

El fin de todo, muerto en vida.
Dulce lobotomía.

Tengo pendiente un libro
llamado *Respirar por la herida.*

Y yo me pregunto:
¿Respirar por la herida?
¿Por cuál de todas?

Kintsugi:

Nadie reparó con oro
mis fragmentos rotos:
ni yo mismo lo hice.

No hay belleza en mis cicatrices,
no quiero enfatizar mis fracturas.

Estoy roto más allá de reparación.
No sé cómo sigo adelante.

Probablemente lo hago
porque soy demasiado cobarde
como para enfrentarme a la muerte:

la perfecta bola de demolición
de Springsteen sería el último
cara a cara con la de la guadaña.

No tengo valor para el suicidio.
Por eso sigo roto sin remedio,
demasiado inútil para repararme
con hilo de oro,

demasiado miedoso como para
adelantar mi partida.

Esto no es vida, solo la crónica
de una muerte demorada.

Salta a la vista la mutilación física:

la mano que perdió el soldado,
la quemadura del accidente de tráfico,
la aparatosa lesión del deportista.

¿Pero qué pasa cuando te mutila
la tristeza?

¿Dónde se ven las heridas
de la depresión?

Al que se rompió una pierna
no le dicen que suelte la muleta
y se haga una maratón.

¿Por qué te dicen que te duches
y salgas a la calle cuando no
tienes fuerzas para levantarte
de la cama?

¿Por qué insisten con el trabajo
cuando te ha pasado por encima
la trituradora turbocapitalista?

No hay cura contra la mutilación
del alma.

No hay comprensión contra
el destrozo de la depresión.

Solo hay desprecio,
solo hay mofa,
solo discriminación.

Te tiran un manual de autoayuda
reduccionista y te dicen que si
estás triste es por tu culpa.

La sociedad te odia.
El turbocapitalismo no te da opción
de una vida decente y te pone
los antidepresivos a menos de un euro.

No hay salvación para la mutilación
del alma. No hay salvación para
la mutilación de la depresión.

Solo dolor.

Solo muerte.
Sonríe a la Parca:
es la única que te ama
y te comprende.

Un disparo a quemarropa.
Una puñalada a traición.
Una mina antipersona
en el camino.
Un misil que confundió
un mercado con un puesto
de avanzadilla del enemigo.

Quizá debería ir a la guerra
para tener una muerte recordada
en nombre de la patria.

Decía Horacio eso de
Dulce et decorum est pro patria mori.

El problema es que la patria
me importa un carajo:
solo quiero morir.

Si nunca quisiste besarme,
si nunca te interesó mi poesía,

si nunca me puntuaste bien en un *slam*,
si nunca me premiaste un poema,
si nunca me quisiste dar trabajo,
si nunca te acordaste de mí cuando vivía.

No vengas a mi funeral a hacer el paripé,
no seas hipócrita,

no me hagas un homenaje
como si ahora te importara.

No digas «¡qué buen poeta era!»
si nunca leíste mis líneas.

No llores si nunca me diste
una oportunidad en vida.

No beses mi cadáver si nunca
antes quisiste darme tus labios cuando vivía.

Celébrame ahora mientras mi corazón lata
o no te acuerdes de mí cuando me vaya.

Me he despertado con ganas de morir.
No lloréis.
No vengáis a mi funeral.
No quiero flores.
Si acaso, dejad una botella de Cardhu
en mi tumba para que la roben los borrachos.
Seguid la vida, la vida es mejor sin mí.

Claro de luna muerta
sobre la rectoría del
reverendo bizarro.

Sombras arbóreas
de ramas sin hojas
donde colgar una soga.

Verjas en punta de acero
que cierran un cementerio
de lápidas mohosas.

Catafalcos, sepulcros,
panteones derruidos que
parecen cavernas de guls.

Lugar de pesadilla para
casi todos, lugar donde
quiero encontrar paz eterna.

Porfirión:

Dos chorros de radiación y partículas
de siete megapársecs que expulsan
plasma caliente a través de las galaxias
desde el interior de un agujero negro
supermasivo.

Dicen los astrofísicos que estos sistemas
de chorros pueden haber influido
en la formación de galaxias en
el universo joven.

Pero a mí no me interesa si Porfirión
dio vida, me pregunto si un chorro
de esas proporciones podría ser
como un disparo de la Estrella de la Muerte,

cuánta destrucción lleva pareja
el impacto de semejante energía,
cómo podría volar en pedazos
planetas enteros en su camino.

Y, sobre todo, me gustaría cruzarme
en el camino de Porfirión y que
me desintegre átomo a átomo:
no se me ocurre forma más épica de morir.

Habito un laberinto
en el que de cada dos
ramales, tres conducen
a callejones sin salida.

Además de traicionero
mi laberinto no es plano:
sube y baja en empinadas
cuestas y desniveles exagerados.

Tardo en subir las rampas
como un ciclista en una bici
sin cadena en pleno Mortirolo,
y cuando llego a la cima

caigo sin remedio, casi en
vertical, hasta astillarme
el coxis al aterrizar en terreno
casi hormigonado.

No distingo derecha de izquierda
ni los puntos cardinales,
a veces creo que simplemente
avanzo en espirales.

No tuve la precaución
de comprarme mil ovillos
que ir desenredando
para no perderme.

No sé ni cómo ni cuándo
saldré de mi laberinto si es
que alguna vez lo hago: moriré
de viejo sin encontrar la salida.

Un cartel advierte del problema
del bosque de los suicidas
aportando un teléfono para
pedir ayuda en caso de depresión.

No es suficiente para detenerme:
quiero entrar en Aokigahara,
al pie del monte Fuji y encontrar
una caverna helada donde perderme,

disfrutar del silencio impenetrable
mientras busco el árbol perfecto
en el que atar la suave soga que
me lleve a mi cita con la muerte.

Quiero honrar la tradición de los
samuráis y hacer *seppuku*: suicidio
ritual con el que pagar mis faltas
cometidas a lo largo de la vida,

acabar con una existencia de miseria
moral, espiritual y económica que
no me permite desarrollarme como
persona medianamente funcional.

Nada mejor que la paz del entorno de un lugar sin apenas vida silvestre en el que desaparecer para siempre de esta vida mortal en la que nada bueno me espera.

—Padre, ¿por qué me has abandonado?

—Porque nunca existí, ni tú tampoco.

Índice

Este libro se terminó de editar en Granada
en febrero de 2026 por

Aliarediciones

www.aliarediciones.es
info@aliarediciones.es